Wolfgang Hensel

Deine Katze

KOSMOS

Tiger liebt sein Wollknäuel.

➡ Zuerst etwas für deine Eltern

Liebe Eltern! Ein Katze ist kein Stofftier, sondern ein lebendes, empfindsames Wesen. Auch wenn Ihr Kind sein Tier noch so sehr lieb hat, ermahnen Sie es, stets vorsichtig und rücksichtsvoll zu sein und unterstützen Sie es bei der Versorgung, Pflege und Fütterung.

➡ So macht du alles richtig

Wenn dein Kätzchen ins Haus kommt, lass ihm etwas Zeit. Es muss sich erst an dich und die neue Umgebung gewöhnen.

Achte stets darauf, dass die Futterschale und der Trinknapf sauber sind.

Füttere dein Kätzchen regelmäßig und abwechslungsreich.

Kätzchen brauchen Bewegung. Spiel mit ihm, so oft es mag.

Auch das wildeste Kätzchen braucht manchmal seine Ruhe. Danach wird es umso lieber mit dir spielen. Wenn du unsicher bist, frag deine Eltern oder den Tierarzt.

Das ist meine Katze

Endlich ist mein Kätzchen da!
Sieht es nicht süß aus? Sein Fell ist ganz weich und glänzend.
Wenn es das Mäulchen öffnet, kann ich die spitzen Zähne und
die rosa Zunge sehen. Alles an meiner Katze ist noch soooo klein.
Ganz vorsichtig streichle ich mein neues Tier.

Mein Katze heißt ....

Ich habe sie bekommen am ....

Männchen oder Weibchen? ....

Ihr Alter ist ....

Sie wiegt auf unserer Küchenwaage ....

Hier kannst du dein Lieblingsfoto von deiner Katze
einkleben oder deine Katze malen.

Der erste Tag
mit meiner Katze

Heute sieht dein Kätzchen zum ersten Mal seine neue Wohnung. Es ist sicher sehr ängstlich, denn alles ist ganz neu und ungewohnt. Wenn du leise und ruhig mit ihm redest und es am Anfang in Ruhe lässt, wird es sich rasch eingewöhnen.

Von wem hast du dein Kätzchen bekommen? Ruf doch einfach dort an, wenn du Fragen hast.

Name

Straße und Wohnort

Telefonnummer

Am liebsten jagt Tiger sein Wollknäuel kreuz und quer durch die Wohnung.

➡ Wenn du dein Kätzchen abholst, **frag** nach, was es besonders gerne mag.

➡ Dieses **Futter** stellst du ihm zu Hause hin. Du brauchst jetzt viel Geduld, denn du solltest dein Kätzchen nicht erschrecken. Warte einfach ab, bis es herauskommt und isst.

➡ Setze dich dann zu deinem Kätzchen auf den Boden und **rede** ganz leise mit ihm. So gewöhnt es sich langsam an deine Stimme.

➡ Wenn das Kätzchen keine Angst mehr hat, wagt es sich vielleicht näher an dich heran. Nun kannst du versuchen, es ganz sanft zu **streicheln.**

Das braucht meine Katze

Eine Katze braucht ein paar wichtige Sachen, damit sie sich in ihrem neuen Zuhause wohl fühlt. Manche sind ziemlich teuer, wie der Kratzbaum. Andere kosten nicht viel, zum Beispiel ein Futternapf. Kreuze an, was du noch brauchst.

1 Einen schönen Futternapf. Mache ihn immer gut sauber, sonst schmeckt deinem Tier das Essen nicht. O

2 Einen Napf für frisches Wasser. Kannst du den Namen deiner Katze darauf schreiben? O

3 Ein Kratzbrett. Beobachte, wie sich dein Tier daran die Krallen schärft. O

4 Eine Katzenbürste. Damit kämmst du das Fell. O

5 Eine Schale mit Katzengras. Der Zoohändler erklärt dir, wie man das Gras aussät. O

Manchmal geht es auch verloren! Hilfst du ihm beim Suchen?

Kätzchens Schlafplatz

Eine einfache Kiste solltest du nicht nehmen. Wünsch dir ein hübsches Körbchen mit einem Kissen. Achte darauf, dass man den Kissenbezug gut waschen kann.

Ein Katzenklo mit Katzenstreu

Schau regelmäßig nach, ob die Streu schmutzig ist, und tausche sie gegen frische aus. Katzen sind saubere Tiere. Sie mögen keine stinkenden Klos.

Ein Kratzbaum

Ideal ist ein Kratzbaum mit Höhle, Klettermöglichkeit und einem offenen Sitzplatz als Ausguck. Das ist der beste Spielplatz für dein Kätzchen.

Spiel mit mir!

Die Urururur...großeltern deines Kätzchens lebten in der Wildnis. Sie gingen täglich auf die Jagd. Auch dein Kätzchen möchte sich anschleichen, jagen und springen. Spiel mit ihm, sonst wird ihm langweilig.

➡️ Einfache **Papierbällchen** sind ein tolles Spielzeug.

➡️ Alles, was kullert, rollt oder schlittert, findet dein Kätzchen interessant. Lass einmal einen kleinen **Ball** durch das Zimmer rollen. Sofort stürmt der kleine Tiger los. Katzenbälle aus speziellem Material kannst du im Zoogeschäft kaufen.

Achtung! Es geht los!

Korken an einer Schnur

sind ein wunderbares Spielzeug. Kannst du schon selbst Löcher hindurchbohren? Sonst bitte deine Eltern. Fädele eine Schnur durch die Löcher und mach ab und zu einen Knoten. Dann können die Korken nicht verrutschen. An einem Ende bleibt die Schnur etwas länger. Nun kannst du das Korkenspiel durch das Zimmer ziehen.
Eine Spielzeugmaus an einer Schnur findet dein Kätzchen noch spannender. Wenn du die Maus durch dein Zimmer ziehst, geht das Kätzchen auf die Jagd. Lass ihm aber genug Zeit, die Maus zu fangen und zieh ihm das Spielzeug nicht zu oft weg.

➡ Auch **Federbälle** aus Kunststoff sind ein herrliches Katzenspielzeug. Sie springen nicht so weit weg wie Bälle. Zeig deinem Kätzchen den Federball in deiner Hand und wirf ihn weg. Schon jagt es hinterher. Du kannst auch mehrere Federbälle an eine Schnur binden und durchs Zimmer ziehen.

➡ Deine Katze bekommt genug zu essen. Sie braucht keine echte Maus. Aber vielleicht freut sie sich über eine **Spielzeugmaus?**

13

Der Katze auf der Spur

Möchtest du dein Kätzchen richtig gut kennen lernen? Dann solltest du Katzendetektiv spielen. Wohin geht dein Kätzchen nach dem Schlafen? Wo spielt es am liebsten? Katzen zu beschatten ist richtige Detektivarbeit. Hier kannst du die Wege deiner Katze einzeichnen.

2 Ihren **Futterplatz** besuchen Katzen regelmäßig.

3 Der **Schlafplatz** spielt im Leben einer Katze die Hauptrolle. Hier verschläft sie 16 Stunden des Tages.

1 Katzen sind **neugierig.** Sie wollen in den Garten oder auf den Balkon, denn dort gibt es viel zu sehen.

**4** Gibt es einen Ort, an dem dein Kätzchen besonders gerne mit dir **spielt?**

5 Viele Katzen suchen sich einen Extra-Schlafplatz in der **Sonne.** Dein Kätzchen auch? Schau zu, wie geschickt es den Sonnenschein findet.

Detektivbericht

Schreibe die Nummern der Abbildungen in die Kästchen. Achte auf die Reihenfolge: Was macht dein Kätzchen zuerst, was danach? Notiere deine Beobachtungen.

Die Katzensprache

Katzen zeigen dir mit ihrem Körper ganz genau, wie sie sich fühlen. Sieh genau hin:

1 „Ich fühle mich wohl, es geht mir gut."

2 „Sei vorsichtig, gleich bekommst Du großen Ärger mit mir!"

3 „Hast du was Leckeres für mich?"

4 „Was ist los? Gibt's was Neues?"

5 „Ich habe Angst!"

6 „Lass mich in Ruhe und fass mich nicht an!"

Welcher Katzenkopf gehört zu welcher Katze?

Verbinde die Köpfe mit dem richtigen Katzenkörper!

a ◯

b ◯

d ◯

c ◯

e ◯

f ◯

Lösung: 1e, 4a, 2f, 5b, 3c, 6d

Hören, Sehen, Tasten

Stell dir vor, du bist eine wilde Katze. Du hast Riesenhunger und musst auf die Jagd gehen, um Beute zu fangen. Da! Ein ganz leises Rascheln im Gras. Ob das eine Maus ist? Auch in deinem Kätzchen schlummert ein Jäger mit scharfen Sinnesorganen. Das kannst du ganz einfach ausprobieren.

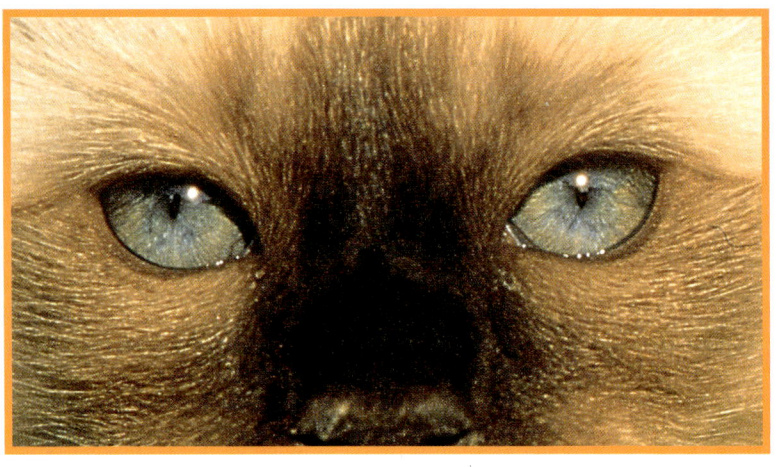

Sieht meine Katze im Dunkeln?

Deine Katze kann in der Dunkelheit sechsmal besser sehen als du. So kannst du ihre Augen testen: Zieh die Vorhänge zu und mach das Licht aus. Nun ist es fast dunkel in deinem Zimmer. Bewege das Lieblingsspielzeug deiner Katze hin und her. Wenn sie Lust hat zu spielen, springt sie darauf los.

Wie gut **hört** meine Katze?

Katzen haben ungeheuer gute Ohren. Deshalb haben sie es gerne ruhig und reagieren empfindlich auf Lärm. Nimm ein Stück Papier und zerknittere es. Sofort wird deine Katze aufmerksam und schleicht sich an. Versuche, immer leiser zu werden. Wann kann sie es nicht mehr hören?

Wusstest du eigentlich, ...

Alle Katzenkinder werden blind geboren. Erst nach etwa neun Tagen öffnen sie ihre Augen. Bis zum Alter von drei Wochen haben alle Katzen blaue Augen.

Warum hat meine Katze **Schnurrhaare?**

Schau dir mal genau an, wie breit die Schnurrhaare deines Kätzchens sind. Normalerweise sind die Haare etwas länger als der Kopf breit. Damit kann dein Kätzchen in stockfinsterer Nacht spüren, ob es durch eine Lücke passt.

Futter und Leckereien

Deine Katze braucht anderes Essen als du. Richtiges Katzenessen eben. Du kannst ihr trockene Fertignahrung oder Essen aus der Dose geben. Darin ist alles enthalten, was deine Katze kräftig und gesund erhält.

Futtertabelle

Das darf meine Katze essen	Das darf meine Katze nicht essen
Dosenfutter	Essensreste vom Tisch
Trockenfutter	Schweinefleisch
Katzengras	Süßigkeiten
Huhn ohne Knochen, gekocht	Milch (Ausnahme: besondere Katzenmilch)
Fische, gekocht	Plätzchen
Rindfleisch, gekocht	Butterbrote

Das mag meine Katze besonders gern:

➡ Hauskatzen bewegen sich meistens zu wenig. Deshalb dürfen sie nicht zu viel essen, sonst werden sie dick und vielleicht sogar krank. Am besten spielst du jeden Tag ausgiebig mit deiner Katze und gibst ihr zur Belohnung nur gesunde Katzenleckereien aus der Zoohandlung.

➡ Hast du schon mal beobachtet, wie geschickt deine Katze ihre raue Zunge benutzt?

„Zur Abwechslung Fisch – lecker!"

Ein Katzentag

Jeden Morgen, wenn du aufgestanden bist und dich gewaschen hast, beginnt dein Tag mit dem Frühstück. Danach musst du in die Schule. Wie verbringt eigentlich deine Katze ihren Tag? Am Wochenende oder in den Ferien kannst du herausfinden, was deine Katze den Tag über macht.

So verbringe ich meinen Tag

So verbringt meine Katze ihren Tag

Wann spielt meine Katze am liebsten?

Streicheln, Kuscheln, Kraulen

Katzen sind Schmusetiere. Sie lieben es, vorsichtig gekrault und gestreichelt zu werden. Aber nicht überall! Finde heraus, was dein Kätzchen besonders gerne mag. Sei aber nie grob zu ihm. Sonst zeigt es dir mit den Krallen, was es nicht mag!

Ohren und **Kopf** sind sehr empfindlich. Kraule deine Katze ganz vorsichtig mit dem Finger. Mag sie das? Oder schüttelt sie den Kopf?

Der **Hals** ist eine gute Krabbelstelle. Wenn deine Katze schnurrt, hast du das richtige Fleckchen entdeckt.

Auf der **Schulter** oder an der Brust darfst du ruhig mit der ganzen Hand kraulen. Das geht besonders gut, wenn das Kätzchen auf deinem Schoß liegt.

Katzen haben weiche **Samtpfoten.** Aber wenn du deine Katze ärgerst, kann sie ihre Krallen ausfahren und dich kratzen. Wenn die Katze zufrieden ist, bleiben die Krallen drin.

Schmuse-Hitliste meiner Katze

Hier kannst du die Lieblingsknuddelkrabbelschmusestellen deines Kätzchens hinschreiben.

Mag deine Katze an den Füßen oder **Beinen** gestreichelt werden? Probier es lieber vorsichtig aus. Wie ist es mit dem Bauch?

25

Abenteuer**spielplatz**

Mindestens einmal am Tag solltest du ausgiebig mit deinem Kätzchen spielen. Denk dir immer wieder etwas Neues aus. Das macht großen Spaß. Baue deinem Tier Hindernisse und Höhlen und locke es mit einem Spielzeug hinein.

➡ Die meisten Katzen lieben hohe **Aussichtspunkte.**
Deine auch? Wenn du sie mit einer Spielzeugmaus oder einer Korkenkette anlockst, wird sie mit einem Riesensatz herunterspringen.

Wettrennen
Versuch eine Stoffmaus an der Schnur so schnell wegzuziehen, dass deine Katze sie nicht erwischt. Wer gewinnt?

➡ **Spielzeug** Schneide mit einer Schere Löcher in einen Pappkarton. Innen kannst du ein Spielzeug an einer Schnur baumeln lassen. Blitzschnell wird deine Katze durch eines der Löcher in die Höhle rasen und „die Beute" fangen.

➡ Manche Spiele spielt deine Katze ganz alleine. Baue ihr eine **Landschaft** aus Pappkartons, lege ein paar Spielzeuge hinein und beobachte sie. Welches Spiel macht ihr besonders viel Spaß?

➡ Katzen können unglaublich gut **springen**. Kann deine auf einen Stuhl hüpfen? Oder höher? Von welcher Höhe springt sie runter? Mach ihr aber niemals Angst, sie muss alles ganz freiwillig machen.

➡ Katzen drehen sich im **Sprung** und fallen immer auf die Füße.

Meine Katze lernt Kunststücke

Wenn du deine Katze etwas länger kennst, kannst du ihr ein paar Kunststücke beibringen. Manche Katzen sind dabei sehr geschickt, andere brauchen länger, um etwas zu lernen. Nimm dir daher viel Zeit. Sei nicht ungeduldig, Schimpfen nutzt nichts. Belohne deine Katze lieber mit Leckereien, wenn sie alles richtig macht.

→ Rufe deine Katze immer mit **Namen**, wenn es Essen gibt. Lobe sie, wenn sie kommt.
Nach einer Weile hört sie auf den Namen und kommt angelaufen, wenn du rufst.

Kann deine Katze Türen öffnen?
Gehe ins Nebenzimmer und lass die Tür einen breiten Spalt offen. Nun rufe nach deiner Katze. Mach den Spalt immer enger, aber schnappe die Tür nicht ein.

➡️ Sprich deiner Katze vor: **„Sag miau".** Wenn sie zufällig miaut, bekommt sie eine dicke Belohnung. Für diesen Trick brauchst du viel Geduld, denn du musst die Übung sehr oft wiederholen.

⬇️ Dieser Trick ist schon fast **zirkusreif**. Klopfe mit einem Spielzeug in der Hand auf einen Stuhl. Wenn deine Katze springt, gibt es eine Belohnung. Bald wird sie allein auf das Klopfen reagieren. Einen Tusch für die Künstlerin.

„Gleich wirst du meine Krallen spüren!"

Wer spricht von Katzenwäsche?

Katzen gehören zu den saubersten Tieren der Welt. Sie verbringen sehr viel Zeit damit, sich zu putzen und zu pflegen. Jede Stelle ihres Körpers wird gründlich gesäubert. Mit der nassen Pfote streichen die Katzen über Ohren und Gesicht. Das sieht besonders niedlich aus!

Die meisten Katzen putzen sich immer in derselben Reihenfolge. Es macht Spaß, ihnen dabei zuzusehen. Jetzt kannst du wieder Katzendetektiv spielen. Schreib auf, was deine Katze nacheinander macht. Meisterdetektive messen sogar die Zeit, wie lange ihre Katze für die Wäsche braucht. Wie wär's?

„Meine Beute geb ich nicht mehr her!"

Katzenwäsche

1 Zuerst putzt meine Katze ....

2 Danach ....

3 Als Nächstes ....

4 Zum Schluss ....

Mit Kamm und Bürste

Katzen haben ein schönes, weiches Fell. Manchmal bilden sich in den Haaren jedoch kleine Knoten. Du spürst sie, wenn du deine Katze von Kopf bis Fuß streichelst. Versuch die Knoten vorsichtig mit den Fingern zu lösen. Wenn das nicht geht, nimm einen Kamm. Reiß deiner Katze aber nicht zu fest an den Haaren.

Augenpflege

Sieh dir regelmäßig die Augen deiner Katze an. Manchmal bilden sich kleine Krusten am Rand. Lass dir von deinen Eltern oder dem Tierarzt zeigen, wie man sie mit einem feuchten Papiertaschentuch entfernt.

Katzenkamm

Katzen mit langen Haaren kämmst du am besten mit dem Kamm. Es gibt grobe und feine Katzenkämme. Fahre deiner Katze mit dem groben Kamm vorsichtig durch das Haar. Meist lösen sich dann die verklebten Haare. Zum Schluss nimmst du einen Kamm mit feinen Zinken oder eine Bürste.

Katzenpuder

In jedem Zoogeschäft kannst du Katzenpuder kaufen. Damit lässt sich das Fell von langhaarigen Katzen besonders gründlich reinigen. Frag aber den Verkäufer, wie oft du das Pulver verwenden darfst. Kurzhaarkatzen glänzen besonders schön, wenn du sie sanft mit einem feuchten Fensterleder abreibst.

Katzenbürste

Wenn du eine Katze mit kurzen Haaren hast, solltest du sie jeden Tag mit einer Katzenbürste pflegen. Das macht auch deiner Katze viel Spaß. Drücke aber nicht zu fest auf und bürste zuerst immer vom Kopf zum Schwanz. Dann vorsichtig in Gegenrichtung und zum Schluss noch mal alle Haare glatt bürsten.

„Ich habe meinen eigenen Kamm auf der Zunge." 33

So bleibt deine Katze gesund

Auf dieser Seite findest du ein paar wirklich ernste Dinge. Sicher möchtest du, dass deine Katze gesund und lebhaft bleibt. Aber deine Katze kann genau wie du krank werden. Daher musst du genau aufpassen, ob sie sich anders verhält als sonst: Sie könnte krank sein!

➡️ Deine Katze muss regelmäßig zum Tierarzt. Er kontrolliert, ob sie gesund ist, und impft sie gegen einige gefährliche Krankheiten.

➡️ Wenn deine Katze sich ständig kratzt, könnte es sein, dass sie Flöhe oder Milben hat. Rede mit deinem Tierarzt. Er weiß genau, was zu tun ist.

Vorsicht, Katzenfallen!

Offene Kippfenster und Waschmaschinentüren

Heiße Herdplatten und Bügeleisen

Herumliegende Plastiktüten (Erstickungsgefahr)

Giftige Pflanzen in der Wohnung

Herumliegende Nadeln, Messer, Scheren

Gesund oder krank?

Das musst du beachten	Gesunde Katze	Kranke Katze
Spielfreude	Spielt gerne und viel	Hat keine Lust mehr
Fell	Glänzend	Stumpf
Hinterteil	Sauber	Ständig schmutzig
Beine	Läuft normal	Hinkt oder humpelt
Augen	Klar und sauber	Tränen
Nase	Trocken und sauber	Läuft, die Katze schnieft

Urlaub mit der Katze

Endlich Ferien! Wenn du in Urlaub fährst, musst du auch an deine Katze denken. Was braucht sie? Was musst du für sie vorbereiten?

➡️ „Ohne meinen Napf fahre ich nicht. Ich esse doch nicht aus fremden Töpfen."

➡️ „Denk bloß an meine Spielzeugmaus, sonst wird mir langweilig."

➡️ „An einem fremden Ort hilft mir eine Leine, damit ich nicht vor lauter Aufregung davonlaufe."

Meine Katze bleibt daheim

Nicht immer kannst du deine Katze mitnehmen. Bei Bekannten, die deine Katze mögen, oder im Katzenhotel ist dein Tier für den Urlaub gut untergebracht.

➡ „Muss ich wirklich in diesen Transportkäfig? Vielleicht haben die Menschen Recht. Ich würde sowieso nur im Auto herumklettern und alle ganz nervös machen."

➡ „Die Menschen haben zum Glück mein eigenes Futter mitgenommen. Wer weiß, ob es am Urlaubsort das gibt, was mir schmeckt."

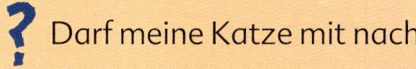

Das müssen meine Eltern vor dem Urlaub noch klären

? Darf meine Katze mit nach

....

? Darf meine Katze mit ins

Hotel ....

? Darf meine Katze mit ins

Flugzeug? ....

? Muss meine Katze vor der

Reise geimpft werden? ....

....

„Der Koffer ist gepackt, jetzt geht's los!"

Die Katzenfamilie

Forscher teilen alle Tiere auf der Welt in Familien ein. Auch dein Haustier hat Verwandte überall auf der Erde. Es gehört zur Familie der Katzen. Einige entferntere Verwandte deines Kätzchens findest du auf dieser Seite. Aber Vorsicht: Ein Tier gehört nicht zur Katzenfamilie. Weißt du, welches?

→ Tiger sind die größten Katzen der Erde. Sie leben in den feuchten, heißen Dschungeln von Indien und im kalten Sibirien. Jeden Tag gehen sie auf die Jagd, denn sie brauchen viel Fleisch, um satt zu werden.

➡️ Sicher hast du auch schon öfter Füchse gesehen. Vielleicht auf einem Waldspaziergang oder in der Dämmerung vom Auto aus?

⬅️ Der Luchs bewohnt die Wälder von Europa, Asien und Amerika.

➡️ Kaum zu glauben, aber wahr. Obwohl ein Löwe dein Kätzchen mit einem Happs verschlingen könnte, ist er eine Katze. Löwen leben in Afrika. Sie leben und jagen als einzige Katzen in einem Rudel mit strenger Rangordnung.

⬇️ **Lösung** Der Fuchs ist keine Katze. Er gehört zur Hundefamilie.

Klasse-Rassen

Es gibt eine ganze Menge Katzenrassen. Viele sehen wirklich toll aus. Folge den Katzen auf dieser Seite in die Bildergalerie der Rassekatzen. Ganz rechts kannst du ein Foto deiner Katze einkleben.

 Karthäuserkatze

↓ Main Coon

↑ Siamkatze

⬆ Straßentiger

⬆ Perserkatze

Deine Katze

Meine Katze und ich

Jetzt seid ihr richtig gute Freunde, du und deine Katze. Du hast sie gefüttert und gekämmt. Du hast mit ihr gespielt und ihr immer wieder zugeschaut. Niemand kennt deine Katze besser als du. Hier kannst du alles aufschreiben, was ihr zusammen erlebt habt.

Spielen macht müde.

So ist meine Katze

Wenn ich morgens aufwache, ist meine Katze ....

Sobald ich zum Frühstücken gehe, kommt sie und ....

Wenn es einen Leckerbissen gibt, kommt .... sofort an.

Sie mag am liebsten .... und am zweitliebsten .... essen.

Nach der Schule begrüße ich .... und spiele ....

Das Lieblingsspiel von .... ist ....

Meine Katze kann überhaupt nicht leiden, wenn ich ....
Dann wehrt sie sich und kratzt.

Meine Katze ist mutig, wenn ....

Meine Katze versteckt sich, wenn ....

Was ich an meiner Katze ganz besonders mag
Hier kannst du alles hinschreiben, was dir einfällt. Vielleicht auch eine ganz besonders lustige Geschichte?

....

....

....

....

....

Wie gut versorge ich mein Kätzchen?

Klare Sache, du liebst dein Kätzchen und dein Kätzchen mag dich. Hier kannst du beweisen, dass du es auch richtig versorgst. Kreuz alles an, was deine Katze sagen würden, wenn sie sprechen könnte.

Füttern

- Ich bekomme jeden Tag gesundes, leckeres Katzenfutter. (2 P)
- Mein Wasser wird regelmäßig nachgefüllt und schmeckt immer frisch. (2 P)
- Ab und zu darf ich eine Leckerei naschen. (1 P)

Spielen

- Fast immer, wenn ich Lust habe, spielen wir zusammen. (2 P)
- Ab und zu darf ich Mäuse jagen, natürlich aus Stoff. (1 P)
- Bei schönem Wetter darf ich im Garten spielen. (1 P)

Schlafen

- Ich habe ein wunderbar kuscheliges Schlafkörbchen. (2 P)
- Wenn ich meine Ruhe haben möchte, stört mich niemand. (2 P)

„Wollen wir noch einmal spielen?"

Pflege

○ Ich werde jeden Tag gekämmt und gebürstet. (1 P)
○ Dabei werden regelmäßig meine Augen, Nase und mein Fell kontrolliert. (2 P)

Streicheln

○ Wir schmusen jeden Tag miteinander. (1 P)
○ Ich mag es, an meinen Lieblingsstellen gekrault zu werden. (2 P)

Freundschaft

○ Wenn ich etwas Nettes mache, werde ich immer gelobt und gestreichelt. (2 P)
○ Auch wenn ich aus Versehen etwas zerkratze, werde ich nicht ausgeschimpft. (2 P)
○ Wenn ich keine Lust zum Spielen habe, lässt man mich in Ruhe. (2 P)

Testergebnis

25 Punkte:
Super! Du bist der perfekte Katzenhalter.

20 Punkte und mehr:
Dein Kätzchen darf mit dir zufrieden sein. Du bist ihm ein liebevoller Freund.

19 Punkte und weniger:
Nicht schlecht, aber du darfst dich ruhig noch etwas anstrengen. Lies einfach noch einmal in diesem Buch nach.

Bildnachweis

Juniors Bildarchiv (S. 10m, 18l, 19u, 26, 29o, 40o, 44/45); Kuhn (Vorsatz, Nachsatz, S. 8, 11o, 11m, 11u, 12l, 12m, 14l, 14o, 19m, 21u, 21o, 24, 27, 29u, 30l, 30m, 30r, 35, 36o, 37m, 40l, 40r, 41u, 42); Reinhard (S. 38, 39l, 39m, 39r); Salata / Kosmos (S. 13m, 32, 33l, 37o); Schanz (S. 4, 9, 14r, 15l, 15r, 19o, 28o, 33r, 34, 41o); Schatter (S. 12o, 13u, 36m)

Cartoon-Katze Tiger wurde von Christian Barthold gezeichnet, alle anderen Illustrationen stammen von Marianne Golte-Bechtle (S. 16/17) und Milada Krautmann.

Impressum

Umschlaggestaltung von eStudio Calamar, unter Verwendung eines Farbfotos von Sabine Stuewer.

Mit 53 Farbfotos und 38 Farbzeichnungen.

Die Deutsche Bibliothek — CIP-Einheitsaufnahme

Ein Titelsatz für diese Publikation ist bei der Deutschen Bibliothek erhältlich.

© 2001, Franckh-Kosmos Verlags-GmbH & Co., Stuttgart
Alle Rechte vorbehalten
ISBN 3-440-07783-7
Gestaltungskonzept und Satz: eStudio Calamar
Printed in Italy / Imprimé en Italie
Druck und Buchbinder: Printer Trento s.r.l., Trento

Danke
Verlag und Autor bedanken sich bei Herrn Peter Beck, Sachverständiger für Heimtiere, für die fachliche Durchsicht des Buches.